AF232033

SOUVENIRS DE 1870-1871

SOUVENIRS DE 1870-1871

SOUVENIRS DE 1870-1871

PAR

H. ROHAULT DE FLEURY

J'ai très longtemps reculé devant l'idée d'écrire l'histoire des premiers jours de notre grande œuvre nationale, mais depuis quelque temps on a fait des récits si peu exacts de ses humbles commencements que je crois le moment venu de faire connaître la réalité, et de raconter la vie intime de l'œuvre pendant sa formation.

Il est juste, en effet, que l'on sache comment le grand chrétien qui a osé faire un vœu pour sauver sa patrie et l'appeler Vœu national, en a entamé les négociations, et a lutté contre les immenses difficultés de sa tâche ; il est bon de montrer comment sa foi l'a empêché de se décourager, et je tiens à dire avec quelle fraternelle affection il a accepté ma collaboration ; il est d'un souverain intérêt d'expliquer comment l'illustre Cardinal qui a été le puissant protecteur de l'œuvre est venu, au moment opportun, à l'aide des premiers promoteurs.

C'est en toute simplicité que j'écris ces quelques pages pensant par là rendre hommage au Sacré-Cœur, d'abord pour son action directe et ensuite pour l'aide qu'il a donnée avec tant de bonté à ses serviteurs.

QUELQUES SOUVENIRS DE 1870-1871

On dit que l'œuvre du Vœu national a pour auteurs Monseigneur Guibert et deux Parisiens réfugiés à Poitiers, pendant la guerre de 1870 ; cela est parfaitement exact : elle a été commencée par les deux frères et fondée par le grand archevêque.

En effet, les deux frères qui l'ont conçue et préparée, qui lui ont donné la vie, si je puis ainsi parler, peuvent à juste titre en être considérés comme les initiateurs et Mgr Guibert, que la Providence a placé sur leurs pas, au moment propice, pour lui donner sa forme définitive et la sanction de l'autorité, en est bien réellement le fondateur.

Nous nous proposons ici de raconter la genèse intime de cette grande œuvre, depuis son origine jusqu'au jour où Mgr Guibert l'a faite sienne ; nos propres souvenirs et les documents précieux que nous a laissés M. Legentil nous permettent d'affirmer que, sauf peut-être quelques petites différences chronologiques, ce récit est parfaitement exact.

Il est certain que pendant la guerre de 1870 plusieurs personnes avaient pensé à faire appel au Sacré-Cœur pour obtenir son secours.

La tentative de ce genre la plus connue a été faite par l'héroïque Légion des volontaires de l'Ouest qui, sous les ordres du général de Charette, avec l'autorisation du général de Sonis, commandant leur division, a donné le baptême du sang à la bannière du Sacré-Cœur. Chacun sait comment cette bannière fut brodée pour les volontaires de Cathelineau et que, remise entre les mains d'une religieuse de Tours, elle fut par elle confiée aux zouaves pontificaux ; comment enfin à Patay et à Loigny, elle fut teinte du sang de plusieurs héros.

Malheureusement cet essai si touchant et si glorieux n'a encore eu de suites que pour le régiment des zouaves pontificaux, dont d'ailleurs tout le monde connaît l'histoire.

Une autre tentative analogue, presque inconnue jusqu'ici, mérite aussi une mention. Vers la fin d'août 1870 un fervent chrétien causait un jour avec M. l'abbé Herpin, chapelain de la princesse Clotilde. Ces Messieurs se désolaient de voir qu'on ne cherchait pas à intéresser Dieu à notre cause :

« Il faudrait que l'Impératrice régente, vêtue de deuil,
« allât à pied à Notre-Dame, suivie des corps constitués,
« pour consacrer le royaume au Sacré-Cœur et le mettre,
« sous sa protection, » disait à l'abbé son interlocuteur —
« Eh ! répondit-il, c'est une excellente idée ! »

Il fut convenu que M. l'abbé Herpin intéresserait la princesse à ce projet et, en effet, elle vit l'Impératrice qui, s'étant fait donner quelques renseignements sur la dévotion au Sacré-Cœur, qu'elle connaissait peu, goûta beaucoup le projet.

Cependant l'autorité ecclésiastique ne crut pas devoir donner suite à cette pensée, et, la révolution de septembre étant survenue, il n'en fut plus question.

Dieu avait ses desseins, qu'il soit loué et béni !

*
* *

La pensée du Vœu national n'est, elle-même, pas venue au monde toute formée, comme nous la voyons, et l'idée a germé, et, petit à petit, s'est développée, pour devenir ce que nous la voyons.

M. Legentil s'était réfugié en Normandie avec sa famille et celle de son beau-frère, M. Marcotte, qui était resté à Paris ; son autre beau-frère, M. Rohault de Fleury, s'était lui-même refugié en Vendômois avec sa femme et ses enfants, mais l'invasion les avait poursuivis et ils s'étaient rencontrés à Poitiers où, heureux de ce rapprochement presque fortuit, ils avaient résolu de rester ; ils louèrent en commun une habitation où ils demeurèrent jusqu'à la fin de la Commune.

M. Legentil était profondément attristé des malheurs qui étreignaient sa patrie, et il priait Dieu avec instances de pouvoir se rendre utile, souffrant cruellement de son inaction, lorsqu'une occasion se présenta d'en sortir, et il la saisit avec une profonde reconnaissance.

Un Lyonnais, M. Beluze, président du cercle du Luxembourg, écrivait à la fin de novembre à M. Baudon, président général des conférences de Saint-Vincent-de-Paul, pour lui proposer de faire faire aux Parisiens, en faveur de leur ville, un vœu à la sainte Vierge, analogue à celui que les Lyonnais venaient de faire (ces derniers avaient, en effet, promis de rebâtir l'église de Notre-Dame-de-Fourvières si Lyon était préservé de l'invasion). L'idée sourit beaucoup à M. Baudon qui, tout au commencement de décembre 1870, en écrivit à M. Legentil, alors à Poitiers, comme nous l'avons dit.

M. Legentil, qui avait souvent médité cette pensée, trouva, comme M. Baudon, qu'un vœu fait par les Parisiens, serait bien opportun, mais que ce vœu devait être fait au Sacré-Cœur de Jésus et non à la sainte Vierge. Il écrivit en ce sens à ces messieurs qui, regrettant leur première idée, ne se rendirent pas tout d'abord à son changement. L'adhésion de M. Baudon est du 6 janvier 1871.

M. Legentil, cependant, avait été frappé de la nécessité d'agir, si l'on voulait obtenir du secours, et il se décida à marcher seul.

C'est à proprement parler, à ce moment-là que commence la genèse du Vœu national, et c'est de là que nous allons la prendre en effet.

Cette idée de faire un vœu au Sacré-Cœur pour sauver Paris avait pris du développement chez M. Legentil dont la

douce et tendre piété trouvait sa force auprès du Sacré-
Cœur. Pendant que son esprit était ainsi constamment
occupé du vœu qu'il voulait faire, il rencontra le R. P. Ra-
mière qui dirigeait le *Messager du Sacré-Cœur* et il pensa
qu'il était convenable d'avoir, comme auxiliaire, pour
propager son idée, cette revue, l'un des organes les plus
importants de la dévotion au Sacré-Cœur ; il s'en entretint
donc avec le Révérend Père et réclama son aide.

Le Père Ramières, qui cherchait alors à répandre un vœu
au Sacré-Cœur pour sauver le Souverain Pontife, consentit
à seconder M. Legentil, mais il voulait que le vœu qu'il avait
conçu lui-même fût l'objet de l'œuvre. M. Legentil fit
observer que nous étions trop malheureux nous-mêmes
pour nous occuper d'un vœu en dehors de nous ; cependant
il trouva touchant d'associer deux causes qu'on n'aurait
jamais dû séparer : celle de l'Église et celle de la France.

Il rédigea donc une nouvelle formule en ce sens, unissant
la mère et la fille dans une même pensée, protestant éner-
giquement contre les malheurs de l'une et de l'autre et pro-
mettant que si Dieu sauvait Paris et la France et délivrait
le Souverain Pontife, il contribuerait selon ses moyens à la
construction, à Paris, d'un sanctuaire dédié au Sacré-
Cœur.

Un peu plus tard, lorsque Paris fut complètement investi,
M. Legentil se décida à enlever le mot Paris ; en fait, le salut
de la capitale était bien absolument lié à celui de la France,
et la province était alors animée envers Paris de sentiments
haineux qui faisaient réellement tort à la pensée du Vœu national ; on avait déjà fort à faire ainsi, pour que l'idée de
construire le sanctuaire de Paris fût acceptée par le plus
grand nombre.

Cette formule une fois adoptée, un peu avant la fin de
décembre, M. Legentil, qui ne pensait pas pouvoir propager
une œuvre de ce genre sans en demander l'autorisation à
l'Ordinaire, essaya, mais en vain, de la faire connaître à

Paris où l'archevêque était sévèrement enfermé par l'ennemi ; d'autre part, il fallait voir Mgr Pie, évêque de Poitiers, diocèse dans lequel on se proposait d'agir d'abord.

M. Legentil alla donc trouver le Prélat vers le milieu de décembre 1870 ; il fut introduit près de lui, alors que Dom Guéranger, abbé de Solesmes, était dans son cabinet et il lui parut, bien qu'il eût été reçu avec bienveillance, qu'il n'était pas absolument le bienvenu au cours d'une discussion d'affaires, et qu'on lui saurait gré de ne pas prolonger sa visite.

Il expliqua à Mgr Pie ce qu'il avait le désir de faire. Comme nous le disions tout à l'heure, il y avait à ce moment-là dans une grande partie de la province, et notamment à Poitiers, une grande animosité contre la ville de Paris.

L'évêque de Poitiers ne partageait pas, sans doute, des sentiments si peu chrétiens, mais il ne se mettait pas beaucoup en peine de les condamner, ni même de les désavouer. Il fit d'abord observer à son interlocuteur que son œuvre ne le regardait pas ; il n'avait pas, dit-il, une grande intimité avec Mgr Darboy et il n'avait pas qualité pour s'occuper d'une œuvre destinée à être réalisée dans le diocèse de celui-ci. M. Legentil lui répondit, ce que d'ailleurs l'évêque savait bien lui-même, qu'il était impossible de se mettre en rapport avec Mgr Darboy, Paris étant absolument bloqué ; qu'il l'avait essayé sans succès, et qu'il ne se croyait pas permis de propager une œuvre dans son diocèse sans son autorisation ; que tel était le but de sa visite.

Mgr Pie en revint à son argument, qu'il ne croyait pas pouvoir donner une autorisation formelle à une œuvre à réaliser à Paris.

Les raisons n'auraient pas été difficiles à trouver, mais il n'y avait pas à discuter dans ce moment, cela n'eût pas été convenable, et n'eût servi de rien à l'œuvre. M. Legentil dit donc tout simplement à l'évêque qu'il ne prétendait pas lui arracher une autorisation écrite, mais qu'une formule de vœu déjà rédigée avait circulé et qu'il priait Sa Grandeur de vouloir bien en prendre connaissance, afin de juger si elle ne contenait rien de répréhensible. Mgr Pie consentit à cette lecture, et l'écouta attentivement; il n'y fit absolument aucune observation. Maintenant, lui dit M. Legentil, Votre Grandeur veut-elle bien me dire « qu'elle ne trouve pas mauvais que cette formule circule dans son diocèse et recueille des adhésions, de simples adhésions et non des offrandes, notre position étant trop précaire pour agir autrement ». — « Oh ! pour cela oui ! répondit le Prélat. »

M. Legentil prit alors congé en remerciant, disant qu'il ne demandait rien de plus pour le moment.

Pendant tout ce temps, Dom Guéranger n'avait pas dit un mot; les deux prélats en ont-ils parlé ensuite, on ne saurait le dire, mais il est certain qu'aucun des promoteurs n'a reçu ni appui, ni conseil de l'évêché de Poitiers.

Depuis, Mgr Pie a été plusieurs fois sollicité de donner son adhésion ou son aide à l'œuvre, mais en réalité, ne lui a donné son approbation que lorsqu'elle a été solidement assise.

*
* *

Après ces digressions, revenons sur nos pas.

Au sortir de cette visite, M. Legentil fit imprimer la formule et se prépara à la répandre autour de lui; mais aucune propagande importante ne fut faite avant les premiers jours de janvier 1871.

M. Rohault de Fleury n'avait encore pris aucune part à l'œuvre, mais il causait souvent avec son beau-frère et le chagrin profond que nos revers inspiraient à cet excellent ami le peinait beaucoup.

M. Legentil, en effet, souffrait cruellement de nos malheurs publics; il voyait le mal si grand qu'il n'osait espérer le succès, et, bien que décidé à persévérer, l'entreprise lui paraissait au-dessus des forces humaines.

Ce fut dans ces sentiments que, dès le premier jour,

M. Rohault de Fleury lui dit : « Allons, je vais m'y mettre aussi, et je vous aiderai de mon mieux. » On le voit : quelle que soit la part que l'activité naturelle du plus jeune lui ait donnée, cependant, il ne fit qu'adhérer, le premier probablement, mais adhérer seulement à la grande œuvre conçue par M. Legentil qui, plus âgé et plus expérimenté dans les œuvres, et ayant occupé des fonctions officielles, avait plus d'autorité ; l'autre, ancien marin, et s'occupant d'art depuis longtemps, était assez entreprenant et passait dans la famille pour ne douter de rien. La plus vive amitié unissait ces deux hommes, de caractères très différents, mais désireux tous deux de la gloire de Dieu.

On se mit de suite à l'œuvre, on écrivit, dans toute l'étendue du territoire non envahi, aux évêques que l'on connaissait, aux communautés religieuses avec lesquelles on était en relation, à ses amis, mais cela ne marchait pas vite ; de toutes parts, on faisait des objections contre Paris, et les raisons que l'on donnait, bien que toujours les mêmes, devaient être répétées perpétuellement et la correspondance était forcément bien restreinte.

Or se lassa vite de ce travail sans résultat et on fit une lettre collective que l'on fit autographier et qui facilita la tâche ; on dut alors recruter des listes et ce ne fut pas sans peine que l'on parvint, en ce temps si troublé, à s'en procurer quelques-unes ; les démarches que l'on faisait soulevaient mille contradictions, les réponses les plus singulières étaient très fréquentes, et le silence des correspondants était bien souvent tout ce que l'on obtenait. Certes, s'il a fallu de l'audace à deux Parisiens, pour ainsi dire exilés de leurs foyers, pour entreprendre cette œuvre, à coup sûr, il a fallu que le bon Dieu les soutînt bien fort pour que les difficultés sans cesse renaissantes qu'ils rencontraient ne les aient pas découragés.

Cependant les adhésions arrivaient petit à petit : M. Legentil avait obtenu celles de Mgr Mermillod et de

Mgr Forcade, alors évêque de Nevers ; il en avait aussi recruté de très nombreuses parmi les conférences de Saint-Vincent-de-Paul. M. Rohault de Fleury obtint celle du R. P. Marie-Dominique, prieur du couvent des Dominicains à Poitiers, avec qui il était très lié. Ce bon Père répondait à ses demandes qu'il n'avait pas qualité pour parler : « Je n'ai pas autorité, disait-il, je ne vous servirai de rien ; » néanmoins, il finit par céder et fit une circulaire aux confréries du Rosaire et la leur envoya, ainsi qu'à tous les abonnées de la couronne de Marie ; cet appui fut utile et amena des adhésions et une certaine confiance parmi les communautés.

Pendant qu'on s'efforçait ainsi de remplir sa promesse, les désastres se succédaient sans relâche et M. Rohault de Fleury voulut essayer d'obtenir l'approbation ou, du moins, la bénédiction du Saint-Père, espérant bien que cela leur donnerait une situation meilleure. M. Legentil, quoiqu'il n'eût pas grande confiance, ne fit aucune objection.

M. Rohault de Fleury avait l'honneur d'être connu particulièrement du R. P. Jandel, maître général des Frères prêcheurs ; il lui écrivit le 11 février, en lui envoyant la formule qui se répandait alors et lui expliquant le but qu'on se proposait d'atteindre.

Les lettres n'allaient pas vite en ces temps-là, le vénérable religieux ne reçut cet envoi que le 25 ; heureusement, le 26, il avait l'*audience* de Pie IX à qui il présenta la requête qu'il venait de recevoir, expliquant ce que l'on voulait faire et ce que l'on avait obtenu jusque-là ; cependant il supprima les considérants, assez acerbes, de la formule qu'il avait reçue, pensant que Pie IX ne voudrait pas bénir ces protestations, vraies à coup sûr, mais où les ardeurs de la guerre se faisaient vivement sentir.

Le Pape autorisa le P. Jandel à transmettre, à ces conditions, aux auteurs du vœu ses meilleurs encouragements et sa bénédiction particulière ; le Révérend Père, dans sa lettre, ajoutait qu'on pouvait publier cette bonne nouvelle, mais, bien entendu, en supprimant les considérants du vœu.

On s'empressa de faire le changement demandé et on publia cette bénédiction, ce qui ne laissa pas de produire beaucoup d'effet.

Dès ce moment la formule était fixée et elle ne reçut plus de changement jusqu'à la fin de l'année, où la promesse conditionnelle fut remplacée par une promesse formelle. Cette formule se terminait ainsi : « Pour faire amende honorable de nos péchés et obtenir de l'infinie miséricorde du Sacré-Cœur de Notre-Seigneur Jésus-Christ le pardon de nos fautes, ainsi que les secours extraordinaires qui peuvent seuls délivrer le Souverain Pontife de sa captivité et faire cesser les malheurs de la France, nous promettons, *lorsque ces grâces auront été accordées*, de contribuer selon nos moyens à l'érection, à Paris, d'une église dédiée au Sacré-Cœur de Jésus, érection qui sera demandée à l'autorité ecclésiastique compétente. »

Cette propagande continua ainsi avec des hauts et des bas jusqu'en mars où M. Rohault de Fleury composa un petit opuscule pour y réfuter les contradictions et expliquer les termes de la formule ainsi que l'utilité de l'œuvre. Il y combattait une des objections les plus difficiles à vaincre qui était la haine contre Paris ; il s'efforçait d'en montrer le peu de raison et affirmait que, quand bien même Paris serait réduit en cendres, ce serait là, sur ces ruines, qu'il faudrait ériger le sanctuaire votif. Il a été bien frappé depuis de cet argument.

Les deux promoteurs, d'ailleurs, n'avaient pas alors une grande ambition bien qu'ils eussent intitulé leur œuvre Vœu national, et ils auraient été fort heureux d'être assurés de pouvoir convertir en sanctuaire dédié au Sacré-Cœur l'une des nombreuses chapelles de Notre-Dame de Paris ou de Saint-Sulpice.

Jusqu'à l'armistice, on suivit cette voie pénible ; cependant plusieurs évêques avaient approuvé l'œuvre naissante ; depuis que l'approbation de Pie IX était venue l'appuyer, on recevait de bonnes lettres, les communautés s'occupaient de l'œuvre et la répandaient. On avait obtenu beaucoup de prières ; on ne demandait d'ailleurs guère que cela à cette époque.

Diverses œuvres de prières naissaient alors pour soutenir le Vœu national ; l'une d'elles est devenue importante : c'est la Sainte Ligue, fondée par un ingénieur de la marine de Brest et une religieuse dominicaine d'Alsace.

Pendant ce temps, la guerre avançait vers son dénouement, et l'armistice vint permettre la diffusion de l'œuvre dans les contrées occupées par l'ennemi ; c'était un travail assez délicat, car les communications n'étaient rien moins que faciles et sûres, mais on s'y employa avec courage et avec un certain succès.

M. Legentil partit pour Paris, aussitôt que cela fut matériellement possible (en mars 1871). Il porta à M. l'abbé Lagarde, vicaire général, toutes les pièces relatives au Vœu national ; il ne reçut aucun encouragement avant que les pièces fussent communiquées à Mgr Darboy et pas davantage ensuite. Mgr Buquet, évêque de Parium, lui adressa une lettre affectueuse dans les termes, mais très décourageante.

L'archevêque rapprocha-t-il cette démarche de celle qu'il avait fait échouer quelques mois auparavant, c'est ce qu'on ne saurait dire. La tentative de l'abbé Herpin ne fut d'ailleurs connue des promoteurs du Vœu national que beaucoup plus tard. L'un de ses auteurs, M. Auguste Fiot, reçut cependant à ce moment-là communication du vœu national et en fut grandement réjoui ; mais M. Rohault de Fleury et lui ne se virent qu'à l'automne.

Bientôt les événements se précipitèrent et changèrent l'aspect des affaires. Mgr Darboy perdit la vie dans la tourmente, et le caractère de son successeur était bien différent. Mgr Guibert, en effet, fut un peu difficile à convaincre et à entraîner ; mais une fois décidé, il prit la chose tellement à cœur qu'il doit être considéré comme le fondateur légal de l'œuvre dont le signe couronne à présent les hauteurs de Montmartre.

Il est très curieux de voir comment, petit à petit, presque malgré lui, le grand archevêque en arriva à faire sienne une œuvre qui lui paraissait d'abord presque impossible à réaliser et de nature à inquiéter quelques consciences.

*
* *

Remontons à l'origine et suivons les divers changements qui eurent lieu dans les rapports des initiateurs avec le fondateur du Vœu national.

En 1871, Mgr Guibert était archevêque de Tours; M. Rohault de Fleury, ayant l'honneur d'en être un peu connu, lui écrivit pour tâcher d'obtenir son adhésion au Vœu national, mais sa lettre resta sans réponse.

A cette même époque, M. Cornudet, qui avait une proche parente religieuse à Tours, et qui, lui aussi, connaissait le Prélat, lui avait écrit et en avait reçu une lettre très affectueuse et assez longue dans laquelle il s'efforçait de lui montrer tous les inconvénient d'une œuvre comme celle-là : « Il faudrait des sommes considérables, beaucoup de temps ; probablement, on rencontrerait des difficultés de mille sortes : comment ferait-on pour réunir l'argent nécessaire, avec les charges qui allaient se multiplier à l'infini? Puis, c'était une source de trouble pour les consciences, car il serait bien difficile de savoir quand on serait exaucé. » Le Prélat terminait en disant « qu'il ne pouvait se mettre à la tête de cette œuvre, qu'il en bénissait volontiers les auteurs, mais que là devait se borner son action ».

Les deux Parisiens eurent à Poitiers communication de cette lettre. M. Legentil répondit de son côté pour le remercier à M. Cornudet dont la bonté ne s'est jamais démentie et dont l'aide et le zèle ont été depuis si puissamment utiles à l'œuvre naissante.

M. Rohault de Fleury écrivit à l'archevêque sans laisser voir qu'il connût la lettre à M. Cornudet ; il répondit à toutes les objections qui s'y trouvaient... cette missive, comme la première, resta sans réponse ; bien mieux, Mgr Jeancart, l'ami le plus intime de Mgr Guibert, qui, à Cannes, sous l'impulsion de M. Rohault de Fleury père, avait pris l'œuvre à cœur et s'était fait son zélateur en la propageant de maison en maison, cessa tout à coup de s'en occuper.

Les choses restèrent en cet état jusqu'après la Commune. Quelques bénédictions épiscopales avaient donné du corps à l'œuvre, et le nombre des adhérents avait sérieusement augmenté ; l'œuvre se répandait avec plus de rapidité qu'on aurait pu le supposer et, si elle ne pouvait être encore considérée comme fondée, on pouvait espérer se présenter un jour devant l'autorité épiscopale avec plus de succès qu'on ne l'avait fait jusqu'alors.

Arrivèrent les événements de mai, le massacre des otages, la mort de l'archevêque de Paris, qui produisirent d'assez singuliers effets dans les esprits.

Tel évêque jusque-là tout disposé en faveur de l'œuvre ne voulut plus entendre parler du Vœu national et en défendit la diffusion dans son diocèse avec toute l'énergie et la persistance imaginables. Tel autre jusque-là récalcitrant y vit le doigt de Dieu et se fit zélateur lui-même ; ces sentiments se répercutaient parmi les fidèles, mais en somme la situation changeait peu, l'œuvre vivait, mais elle vivait surtout en espérance.

Lorsque Mgr Guibert fut nommé archevêque de Paris, M. Rohault de Fleury s'empressa de lui écrire de nouveau une lettre très pressante dans laquelle il faisait appel à tous les nobles sentiments de son âme, à son amour pour la France, pour l'Église et pour Notre-Seigneur ; il lui rappelait sa propre bonté pour les siens ; il faisait valoir les progrès de l'œuvre, les nombreuses adhésions épiscopales, la bénédiction de Pie IX, etc.; il lui disait surtout que les promoteurs étaient Parisiens, qu'ils voulaient établir leur œuvre à

Paris, et qu'ils ne pouvaient rien faire sans son assentiment ; il le conjurait d'ajourner son jugement définitif et de leur donner au moins l'encouragement que méritaient leurs efforts précédents et leur bonne volonté. Cette fois Monseigneur Guibert répondit.

Soit que la lettre l'eût touché, soit que sa situation nouvelle lui fît penser qu'il devait au moins ne pas décourager une œuvre qui, bien que naissante, se présentait déjà avec plus de deux cent mille adhésions, il envoya sa carte d'archevêque de Tours au bas de laquelle il écrivit :

Bénédiction affectueuse.

Comme on connaissait la sage prudence de Mgr Guibert, on vit bien qu'il ne voulait pas s'engager encore, mais que si tout n'était pas gagné, on avait du moins fait un grand progrès dans son esprit, aussi on s'empressa de multiplier les efforts de propagande à Paris où l'on n'avait pas l'approbation formelle de l'Archevêque, il est vrai, mais où l'on était assuré qu'il ne verrait pas d'un mauvais œil les démarches que l'on pourrait faire.

Le journal *le Monde*, qui était alors dirigé par M. A. Ravelet, nous servit beaucoup alors ; il publiait déjà depuis quelque temps tous nos documents, mais à ce moment il accepta de nous servir d'organe officiel.

Les adhésions et même les offrandes étaient reçues au Secrétariat général de Saint-Vincent-de-Paul et à la sacristie de Notre-Dame-des-Victoires par le frère Marie Antoine dont le dévouement au Vœu national, comme l'on voit, date des premiers jours. Les principaux adhérents de ce moment, MM. Beluze, Baudon, de Benque, Cornudet, de Margerie, Dauchez, Merveilleux du Vignaux, formèrent plus tard le noyau du Comité de l'œuvre. Le nombre des adhésions augmentait, quelques minimes offrandes, même, arrivaient, mais l'œuvre restait toujours à l'état de formation.

M. Rohault de Fleury avait vu plusieurs fois Mgr Jeancart,

évêque de Cérame, dont l'influence sur Mgr Guibert lui était connue ; mais, c'était en vain qu'il s'était efforcé de le ramener. Vers la fin d'octobre, cependant, comme il se trouvait chez le Prélat qui l'écoutait depuis assez longtemps déjà avec bonté, mais sans se laisser persuader, il fit réflexion que puisqu'on n'arrivait pas au but, il ne risquait rien de changer de tactique et, sans consulter ni son beau-frère, ni les autres adhérents, il prit un grand parti, et essaya de suivre le Prélat dans ses idées au lieu de les discuter, sachant bien d'ailleurs qu'il ne pouvait détruire certaines objections, telles que la difficulté de trouver de l'argent avec les charges nouvelles, le malheur des temps, etc. ; il s'attacha à celle qui paraissait être défendue avec le plus d'énergie par l'évêque et tout d'un coup, sans autre préambule, cessant de discuter, il lui dit : « Eh bien, Monseigneur, faisons crédit au bon Dieu. Changeons notre vœu, et, au lieu de promettre que nous le réaliserons quand nous serons exaucés, promettons de le réaliser pour être exaucés. Dans ces conditions-là, serez-vous des nôtres ? »

Le Prélat, sans en demander davantage, proposa de descendre de suite chez l'Archevêque pour lui parler de la concession qui venait d'être faite et tâcher d'en profiter.

En arrivant chez Mgr Guibert, dont les appartements étaient situés au-dessous du sien, Mgr Jeancart exposa de suite la conversation qui venait d'avoir lieu et demanda à l'Archevêque s'il ne pensait pas que le changement proposé fût suffisant pour lui permettre de s'occuper de notre œuvre. Mgr Guibert approuva fort la résolution de M. Rohault de Fleury, mais il ajouta qu'il y avait encore bien des difficultés pour pouvoir réussir ; que, cependant, on pourrait essayer ; que, pour sa part, il n'y mettrait pas d'opposition. M. Rohault de Fleury insista vivement pour obtenir une approbation plus formelle, exposant à l'archevêque que puisque le moment de l'exécution ne dépendait plus de la réussite, mais que la réussite dépendait de l'exécution, il

lui semblait préférable de se mettre de suite à l'œuvre sérieusement; il lui dit aussi qu'il ne comprenait pas qu'un homme
comme lui pût, par la crainte des difficultés qu'elle devait
rencontrer, hésiter à aider à l'accomplissement d'une chose
qu'il jugeait bonne; que, d'ailleurs, il était convaincu du
succès, si Sa Grandeur voulait bien patronner l'œuvre. Il lui
dit encore bien d'autres choses qu'il serait bien difficile de re-
trouver et de redire, mais ce qui est très certain, c'est l'im-
pression qu'il produisit, car Mgr Guibert finit par lui dire :
« Eh bien, soit, nous verrons : faites-moi un rapport, écrivez-
moi ce que vous venez de m'exposer et venez me l'apporter
avec ces messieurs. »

M. Rohault de Fleury se retira joyeux et pensant bien
qu'on lui pardonnerait aisément d'avoir ainsi pris sur lui de
changer la teneur du vœu, et bien certain que la principale
entrave de l'œuvre était dès lors enlevée.

Il alla immédiatement trouver son beau-frère à qui il ra-
conta son expédition. Ce dernier, avec sa bonté et sa
modestie ordinaires, accepta le fait accompli. Il fit le rapport
et ces messieurs le portèrent ensemble à Monseigneur dès
les premiers jours de 1872.

L'Archevêque écouta, de bonne grâce, la lecture du rapport
et dit ensuite : « C'est bien, j'y réfléchirai. Complétez votre
comité, soyez douze, comme les apôtres, et revenez me voir
dans quelques jours. »

Le premier comité fut donc constitué ainsi : MM. Cornudet, Dauchez, Legentil, de Benque, Baudon, Rohault de
Fleury, Général de Charette, E. de Margerie, comte de Mis-
siessy, marquis de Vibraye, comte de Lambel, Descottes et
bientôt marquis de Ségur et Merveilleux du Vignaux.

Nous ne citons pas l'intéressant rapport de M. Legentil
parce qu'il relate, en somme, ce que nous venons de
raconter, et les principaux motifs qui nous avaient déter-
minés à agir, mais il semble que la lettre que Mgr Guibert
écrivit, en réponse à ce document, au comité nouvellement

formé doit servir de couronnement à cette histoire, puisqu'elle clôt la période de vie privée du Vœu national et qu'elle est le premier résultat des efforts faits jusque-là.

ARCHEVÊCHÉ
DE
PARIS

Paris, le 18 janvier 1872.
Fête de la chaire de Saint-Pierre, à Rome.

Messieurs,

L'œuvre du *Vœu national au Sacré-Cœur de Jésus*, dont vous m'avez donné connaissance, mérite d'être encouragée et je ne puis qu'applaudir à la pensée pieuse qui l'a inspirée.

Vous avez considéré à leur vrai point de vue les malheurs de notre pays. Ils sont le fruit amer des infidélités dont nous sommes coupables envers Dieu. L'impiété a fait table rase de tous les principes du bien, et les mœurs en sont venues à toutes les hontes et à toutes les impiétés du paganisme. La vie chrétienne n'est plus le fait que du petit nombre. La conjuration contre Dieu et son Christ a prévalu dans une multitude d'esprits, et, en punition d'une apostasie presque générale, la société a été livrée à toutes les horreurs de la guerre avec l'étranger victorieux, et de la guerre plus affreuse encore entre les enfants d'une même patrie. Devenus, par nos prévarications, des révoltés contre le ciel, nous sommes tombés pendant nos troubles dans l'abîme de l'anarchie. La terre de France a retracé l'effrayante image de ce lieu *où nul ordre n'habite*, tandis que l'avenir s'offre encore à elle avec de nouvelles terreurs en perspective.

Vous donc, Messieurs, qui, à travers les sombres nuages qui couvrent le monde, recevez encore les rayons d'en haut, parce que vous êtes restés des chrétiens fidèles, vous avez vu où il fallait chercher le secours et d'où nous pouvait venir la délivrance. Vous avez eu une sainte et lumineuse pensée en vous adressant au Cœur miséricordieux de Jésus, car il est écrit qu'il n'y a de salut que dans la puissance de ce nom.

Oui, il est juste et sage de faire à ce Cœur divin si profondément contristé par nos péchés une solennelle amende honorable, et de lui offrir un témoignage permanent de douleur et de repentir pour le mal qui s'est produit et se produit encore contre Dieu.

Vous désirez qu'un temple, dédié au Sacré-Cœur de Jésus, s'élève dans Paris, qui n'en possède aucun sous ce titre ; ce temple, dans votre pensée, doit être un monument d'expiation et la France entière sera appelée à contribuer à cette œuvre par les dons des fidèles.

En même temps, ce sanctuaire du Sacré-Cœur deviendrait devant Dieu l'expression d'une supplication générale pour que les jours de nos épreuves soient abrégés et adoucis, et que du Cœur si aimant de l'adorable Rédempteur des hommes, sorte notre régénération spirituelle et temporelle.

Rien n'est plus chrétien ni plus patriotique qu'un tel vœu.

Je m'entendrai avec vous, Messieurs, pour choisir l'emplacement où pourra se faire avec le plus d'utilité cette construction, lorsqu'on aura recueilli des fonds suffisants pour la commencer avec espoir de la terminer. J'espère que tous les bons chrétiens accueilleront avec faveur et soutiendront de leur générosité un projet déjà béni par le Souverain Pontife et qui intéresse le pays tout entier.

C'est de la France que le mal qui nous travaille s'est répandu dans toute l'Europe ; c'est aussi de la France, où a pris naissance la dévotion au Sacré-Cœur, que partiront les prières qui doivent nous relever et nous sauver.

Le sanctuaire dont il s'agit sera un lieu de pieux pèlerinage, fréquenté par un nombreux concours d'adorateurs, et deviendra, dans l'enceinte de la capitale, une sorte de paratonnerre sacré, qui la préservera des coups de la justice divine. En s'élevant comme un acte public de contrition et de réparation pour tant de péchés commis contre Dieu, ce temple sera encore parmi nous une protestation contre d'autres monuments et œuvres d'art érigés pour la glorification du vice et de l'impiété.

Enfin, vous avez pour objet, dans votre pieuse entreprise, la délivrance du Chef de l'Église, captif dans sa demeure et dépouillé d'une souveraineté nécessaire au libre exercice de son ministère. Il faut pour cela une victoire sur les ennemis de la religion, et, pour l'obtenir, vous voulez associer à cette intention le mérite des offrandes de vos souscripteurs et les prières qui s'élèveront du nouveau temple. C'est là une idée d'autant plus juste que le salut ne peut venir que du ciel.

Je bénis votre œuvre de tout mon cœur. Daigne le Dieu Tout-Puissant la faire réussir dans son exécution comme dans les effets que nous en attendons !

Recevez, Messieurs, la sincère expression de tous mes sentiments les plus paternels.

✝ J. HIPP., *Archevêque de Paris.*

Dès lors, la formule devint ce qu'elle est maintenant :

VOEU NATIONAL

au Sacré-Cœur de Jésus

Pour obtenir la délivrance du Souverain Pontife
et le salut de la France.

En présence des malheurs qui désolent la France et des malheurs plus grands peut-être qui la menacent encore ;
En présence des attentats sacrilèges commis à Rome con-

tre les droits de l'Église et du Saint-Siège, et contre la personne sacrée du Vicaire de Jésus-Christ;

Nous nous humilions devant Dieu, et, réunissant dans notre amour l'Église et notre Patrie, nous reconnaissons que nous avons été coupables et justement châtiés;

Et pour faire amende honorable de nos péchés et obtenir de l'infinie miséricorde du Sacré-Cœur de Notre-Seigneur Jésus-Christ le pardon de nos fautes, ainsi que les secours extraordinaires qui peuvent seuls délivrer le Souverain Pontife de sa captivité et faire cesser les malheurs de la France, nous promettons de contribuer à l'érection à Paris d'un sanctuaire dédié au Sacré-Cœur de Jésus.

***

Le Comité constitué reçut pour Directeur spirituel M. l'abbé Langénieux, alors curé de Saint-Augustin; il se réunit deux ou trois fois dans la sacristie de cette église, puis, peu après, Sa Grandeur désigna M. l'abbé Jourdan, et lorsque ce dernier fut nommé à l'évêché de Tarbes, ce fut M. l'abbé Lagarde, vicaire général, qui le remplaça.

Le vénérable Archevêque fit dès lors réunir le Comité à l'archevêché dans la salle des commissions et il s'intéressa à l'œuvre de plus en plus. Les promoteurs avaient très souvent des conférences avec lui pour la propagande qui devenait très considérable, et ils suivaient avec bonheur les progrès de son affection pour leur œuvre, en faveur de laquelle il ne dissimulait plus son intérêt. Il causait souvent de la place qu'il serait convenable de choisir pour y construire l'ex-voto national, et c'est dans une course qu'il fit à cette époque à Montmartre, avec Mgr Langénieux, qu'il fut frappé des avantages de l'emplacement actuel et se décida à l'acquérir; mais il comprit qu'il aurait beaucoup de peine à y arriver sans l'aide des pouvoirs publics, et, après en avoir bien pesé les moyens, il s'adressa à M. Jules Simon, alors ministre compétent, et le pria de l'aider à obtenir le droit d'expropriation.

A partir de ce moment l'œuvre est fondée.

On racontera un jour l'histoire officielle du Vœu national, mais il importait d'établir d'ores et déjà sa genèse, et celui qui écrit ces lignes a cru devoir le faire, affirmant de nouveau la parfaite sincérité de son récit. Si quelques particularités lui ont échappé, cela tient à ce que dans ces commencements, comme on l'a bien vu d'ailleurs dans certaines circonstances solennelles, l'œuvre n'étant pas complètement établie, chacun faisait de son mieux sans s'inquiéter d'une manière absolue de ce que faisait l'autre ; on se racontait ses succès ; on gémissait ensemble des déboires, chacun faisait ce qu'il pouvait, et, en somme, l'œuvre se transformait petit à petit, avec le cours des événements et au contact des hommes, jusqu'au jour où Mgr Guibert lui imposa son caractère religieux définitif, et l'Assemblée des représentants de la France son caractère national.

20395. — PARIS. F. LEVÉ, IMPRIMEUR DE L'ARCHEVÊCHÉ, RUE CASSETTE, 17.

S. LIGVE
ARCHICONFRER